새가족 성경공부

강 효 민 지음

인도자 지침서

새삶 전도협회

새가족 성경공부(인도자 지침서)

지은이 | 강효민

초판발행 | 2012년 2월 15일

발행처 | 새삶전도협회(www.nleva.org)

출판등록 | 제 25100-2007-26호

주 소 | 서울시 광진구 중곡동 157-1

전화 | 02-458-0691

팩스 | 02-453-9020

■ ISBN | 978-89-960006-8-6 03230

■ 정 가 | 4,000원

■ 파본은 바꾸어 드립니다.

지은이 **강 효 민**
새삶침례교회(www.newlifebc.or.kr) 담임목사
새삶전도협회(www.nleva.org) 대표
미국 바이올라대학교 탈봇신학대학원 졸업(목회학 석사·박사)
저서 「복음의 능력」·「말하지 아니할 수 없습니다」·「세상 끝날의 일들」·「요한계시록이 보인다」 등

새가족 성경공부
〈인도자 지침서〉

영혼을 구령하고 세우는 일보다 더 보람 있고 가치 있는 일은 없습니다. 그 일을 위해서 예수님께서 오셨고, 저와 당신을 이 땅에 존재케 해주셨습니다. 어떻게 하면 교회에 찾아온 영혼들을 주님께로 더 잘 인도할 수 있고, 더 잘 정착하게 할 수 있을까요? 그것을 고민하다가 〈새가족 성경공부〉 교재를 만들게 되었습니다. 하나님께서 당신과 이 교재를 귀하게 사용하셔서 영혼들이 구원받고, 교회에 더해지는 놀라운 역사가 있기를 기도합니다.

교재의 소개

〈새가족 성경공부〉 교재는 교회에 처음 오신 분들이 구원받고, 교회에 잘 정착할 수 있도록 돕는 것을 목적으로 하는 교재입니다. 이런 의미에서 이 교재는 이미 교회에 정착한 분들을 양육하는 양육교재와는 다릅니다.

교회에 처음 오신 분들은 크게 세 부류로 나누어집니다. 첫째, 구원받지 못한 사람들, 둘째, 구원은 받았지만 성경적인 침례를 받지 않은 사람들, 셋째, 구원도 받았고 침례도 받았지만 성경적인 교회가 어떤 교회인지 잘 모르는 사람들입니다. 이런 점을 감안하여 이 교재는 새가족의 필요에 따라 3단계로 나누어 공부할 수 있도록 했습니다.

인도자를 위한 제언

1. 교회에 새로 오신 분이 구원받지 못한 분이라면 〈1단계〉 '구원으로의 초대'를, 구원은 받았지만 성경적인 침례를 받지 않은 분이라면 〈2단계〉 '새 삶으로의 초대'를, 구원도 받았고 침례도 받았지만 성경적인 교회가 어떤 교회인지 잘 모르는 분이라면 〈3단계〉 '성경적 교회로의 초대'를 공부하십시오.

2. 새가족 성경공부는 한 단계를 4주에 걸쳐 공부하는 것을 원칙으로 합니다. 공부 기간이 길다고 생각되면 새가족은 시작 자체를 하지 않으려 할 수 있습니다. 새가족을 만난 처음 한두 주는 자연스럽게 교제를 나누시고, 〈새가족 성경공부〉에 대해 소개하십시오. 그리고 새가족으로 하여금 공부하고자 하는 마음이 생기도록 한 후 공부를 시작하십시오.

3. 한 과는 20~30분이면 마칠 수 있는 분량으로 되어 있습니다. 일반적으로 새가족은 너무 오래 공부하는 것을 좋아하지 않습니다. 이런 점을 감안하여 공부 자체는 30분을 넘기지 않도록 하는 것이 좋습니다.

4. 새가족 성경공부는 1대1로 하는 것이 가장 좋습니다. 2~3명을 동시에 하다보면 교육의 효율성이나 관계의 친밀성이 그만큼 떨어질 수밖에 없습니다. 또한 2~3사람이 함께 공부하다가 한 사람이 결석을 하게 되면 진도에도 문제가 생길 수 있으므로 새가족 성경공부는 가급적 1대1로 하시기 바랍니다.

5. 지식 위주의 주입식 공부를 하지 마시고 새가족과 교감을 나누며 공부하시기 바랍니다. 교재의 질문이 나눔을 유도하는 질문이 아니라 할지라도 충분히 설명을 해주고, 질문도 받고, 또 필요하면 간증도 들려주다 보면 교감이 생길 것입니다. 진도를 나가는 것이 중요한 것이 아니라 새가족이 이해하면서 따라오는 것이 중요합니다.

6. 각 과를 공부할 때는 기도로 시작하고 기도로 마치십시오. 하나님의 도우심 없이는

절대로 성공적인 성경공부가 될 수 없고, 함께 하는 기도를 통해 인도자와 새가족은 더 친밀해질 것입니다. 새가족이 기도할 수 있는 분이라면 한 번씩 기도를 해 보도록 하는 것도 좋을 것입니다.

7. 공부를 시작하기 전에 간단하게 한 주간의 삶을 나누십시오. 5분 정도면 적당할 것입니다. 너무 오래 나누다 보면 전체 시간이 길어지게 되고, 그렇게 되다 보면 다음 만남이 새가족에게 부담스러울 수 있습니다.

8. 과제는 꼭 점검하십시오. 과제를 내주기만 하고 점검하지 않으면 다음에는 안해 올지도 모릅니다. 암송과제를 점검할 때는 인도자가 먼저, 또는 새가족과 함께 외우도록 하십시오. 본이 되기도 하며, 새가족이 잘 못 외울 때는 도와주는 효과도 있습니다. 과제를 잘해왔을 때는 칭찬해 주시고, 안해왔다 해도 격려해주십시오.

9. 각 과의 성경공부는 새가족의 입장에서 특별한 예습 없이도 할 수 있도록 구성되어 있습니다. 그러나 인도자가 판단해서 예습이 필요하다고 생각되면 예습을 해오게 하는 것도 한 방법이 될 수 있습니다. 성경구절을 찾아 읽을 때는 새가족이 읽는 것이 좋지만 읽는 것을 불편하게 생각하면 강요하지 말고 대신 읽어주십시오.

10. 새가족을 만나 공부할 때는 항상 단정하고 청결한 상태를 유지하십시오. 구취 등으로 인하여 불쾌감을 주게 되면 공부에 집중하기 어렵고 다음 만남도 부담스럽게 생각할 것입니다.

11. 성경공부는 한 주에 한 번 만나서 하지만 수시로 전화나 문자로 안부를 묻고, 매일 그를 위해 기도해 주시기 바랍니다.

12. 새가족 성경공부 〈인도자 지침서〉는 새가족을 만나기 전에 개인적으로 준비할 때 참고하시고, 새가족을 만나 공부할 때는 반드시 새가족과 같은 〈새가족 성경공부〉 교재만 가지고 하십시오.

새가족 성경공부

이 세상에 좋은 책들이 많지만 성경만큼 좋은 책, 성경만큼 사람에게 유익을 주는 책은 없습니다. 성경은 사람을 지혜롭게 할 뿐 아니라 사람의 영혼을 살리는 놀라운 힘이 있습니다. 그러므로 사람은 다른 어떤 책보다도 성경을 알아야 하고, 성경을 공부해야 하는 것입니다. 성경을 공부하는 것은 즐겁고 행복한 경험이기도 합니다. 〈새가족 성경공부〉 교재를 가지고 성경을 공부하게 된 것을 진심으로 환영합니다. 이 공부를 통해 당신은 정말 귀한 것을 얻고 배우게 될 것입니다. 하나님의 은혜와 사랑이 당신에게 있기를 원합니다.

"모든 성경은 하나님의 감동으로 된 것으로 교훈과 책망과 바르게 함과 의로 교육하기에 유익하니"(디모데후서 3:16)

순 서

1단계

구원으로의 초대

구원은, 표현은 달리 해도, 모든 종교가 추구하는 것입니다. 사람이 받을 수 있는 최고의 복(福)도 구원이라 할 수 있습니다. 문제는 어떻게 구원받을 수 있느냐 하는 것입니다.

사람이 구원받기 위해서는 하나님을 알고, 자신을 알고, 예수 그리스도를 알아야 합니다. 바로 그것을 알기 위해서 성경을 공부하는 것입니다. 열린 마음으로 이 교재를 공부함으로 당신도 구원에 이르게 되기를 간절히 기도드립니다.

"하나님은 모든 사람이 구원을 받으며 진리를 아는 데에 이르기를 원하시느니라"(디모데전서 2:4)

1단계 순서
1. 성경에 대하여
2. 하나님에 대하여
3. 사람에 대하여
4. 예수님에 대하여

1단계

1. 성경에 대하여

* 이 과의 목적은 성경공부를 시작하면서 먼저 성경이 어떤 책인가를 새가족에게 가르쳐 주는 것입니다.

* 공부에 앞서
  1) 한 주간의 삶을 간단하게 나누세요.
  2) 기도로 시작하세요.

1. 성경은 인류 최고의 베스트셀러입니다. 수많은 사람들이 성경을 읽었고, 수많은 사람들이 성경을 통해 변화되었습니다. 당신은 성경을 읽어 보셨습니까? 성경에 대해 당신은 어떤 생각을 가지고 있습니까?

- 새가족으로 하여금 생각하고 말할 수 있는 시간을 주시고, 혹 엉뚱한 말을 하더라도 구원받지 못한 사람임을 감안하여 잘 들어주십시오. 그러나 이 문제에서 너무 오래 시간을 끌지는 마십시오.

2. 성경은 어떻게 기록된 책인지 디모데후서 3장 16a절과 베드로후서 1장 21절을 찾아서 읽어봅시다.

- 딤후 3:16a – 성경은 하나님의 감동으로 되었다고 합니다.
- 벧후 1:21 – 성경은 성령의 감동하심을 받은 사람들이 하나님께 받아 말한 것이라고 합니다.

- 두 구절이 말하는 대로 성경의 원저자는 하나님임을 가르쳐 주십시오.

성경은 약 1500년에 걸쳐 40여명의 사람들에 의해 기록되었습니다. 그럼에도 불구하고 성경에는 오류나 모순이 없고, 일관된 주제와 흐름이 있습니다. 그 이유는 성경이 하나님의 감동으로 기록된 하나님의 말씀이기 때문입니다.

- 성경에 오류나 모순이 없는 것은 성경에 기록된 예언들이 이루어진 것만 보아도 알 수 있습니다.

  예) 바벨론·페르시아·그리스·로마제국의 흥망(단 2, 7장), 예수님의 베들레헴 탄생(미 5:2)·고난과 죽음(사 53장), 이스라엘의 회복, EU(신흥로마제국)의 형성, 세상 종말에 있을 지진·기근·전쟁(마 24장) 등

- 성경을 펴서 일일이 다 설명할 필요는 없고, 성경에는 오류나 모순이 없다는 것을 인식시켜 주면 됩니다.

3. 예수님은 성경에 대해서 뭐라고 하셨는지 마태복음 5장 18절과 요한복음 17장 17절을 읽어보세요.

- 마 5:18 – 성경에 기록된 대로 다 이루어질 것이라고 하셨습니다.
- 요 17:17 – 진리라고 하셨습니다.

– 성경은 하나님의 말씀이기 때문에 진리이고, 기록된 대로 다 이루어질 것입니다.

4. 성경에는 어떤 유익과 능력이 있는지 아래 구절들을 찾아보고 말씀해 보세요.

1) 디모데후서 3장 16b절

– 교훈과 책망과 바르게 함과 의로 교육하기에 유익함

2) 시편 19편 7-8절

– 영혼을 소성시킴, 지혜롭게 함, 마음을 기쁘게 함, 눈을 밝게 함(영적인 눈)

3) 히브리서 4장 12-13절

– 살아 있고 운동력이 있어서 사람의 속을 찌르기도 하고, 판단하기도 하고, 드러내기도 함

5. 요한복음 5장 39절과 20장 31절을 읽고 성경의 주인공은 누구이며, 성경이 기록된 목적은 무엇인지 알아봅시다.

- 요 5:39 – 성경의 주인공은 예수님입니다.
- 요 20:31 – 성경의 기록 목적은 사람들로 하여금 예수님을 하나님의 아들로, 그리스도(메시야)로 믿게 하여 생명을 얻게 하는 것입니다.

성경은 구약과 신약으로 이루어져 있습니다. 구약은 모세오경(5권)·역사서(12권)·시가서(5권)·대선지서(5권)·소선지서(12권)로 이루어져 있으며, 신약은 복음서(4권)·역사서(1권)·바울서신(13권)·일반서신(8권)·예언서(1권)로 이루어져 있습니다. 구약 39권과 신약 27권이 합해져 66권의 완성된 성경을 이룹니다.

- 성경 목록을 펴서 설명해 주십시오. 성경 목록에 나와 있는 순서대로 권수를 세어서 분류하면 됩니다.

6. 오늘 공부한 내용을 통해 성경에 대해 당신은 무엇을 새롭게 배웠습니까?
   - 새가족이 성경에 대해서 제대로 배웠는지 들어보시고, 아직 성경이 하나님의 말씀인 것을 깨닫지 못했다면 한 번 더 설명해 주시기 바랍니다. 그래도 안 되면 일단 하나님께 맡기고 계속 진도를 나가시기 바랍니다.

과 제

1) 오늘 살펴본 성경 구절들 중에서 중요하다고 생각되는 구절들을 써보세요.
2) 디모데후서 3장 16절을 암송하세요.
3) 요한복음 1-5장을 읽으세요.

* 기도로 마치세요.

1단계

2. 하나님에 대하여

* 이 과의 목적은 성경을 통하여 하나님이 어떤 분인가를 가르쳐주는 것입니다. 새가족의 마음속에는 아직 하나님에 대한 개념이 없습니다. 이 공부를 통하여 새가족이 하나님을 발견할 수 있도록 도와주시기 바랍니다.

* 공부에 앞서

1) 한 주간의 삶을 간단하게 나누세요.

2) 과제를 점검하세요.

- 암송과제(딤후 3:16)는 인도자가 먼저, 또는 새가족과 함께 외우도록 하십시오.
- 과제로 읽은 성경(요 1-5장)에 대해 느낀 점을 서로 나누세요.

3) 기도로 시작하세요.

1. 성경은 하나님의 존재를 증명하는 책이 아닙니다. 성경은 하나님이 당연히 계시는 것으로 시작이 됩니다(창세기 1:1). 성경 외에 하나님은 무엇을 통하여 자신을 나타내시는지 시편 19편 1-4a절과 로마서 1장 20절을 읽고 말씀해 보세요.

– 우주만물과 자연을 통하여 나타내십니다.

우주의 기원에 대해서, 저절로 생겼다고 믿는 것이 '과학적'이라고 생각하는 사람들이 있습니다. 그런데 잘 생각해보면 그것처럼 비과학적인 생각도 없습니다. 모든 물건에는 만든 이가 있듯이 우주만물도 만든 이가 있습니다. 내 눈에 하나님이 보이지 않는다고 해서, 하나님은 안 계시고 우주는 저절로 생겼다고 말한다면 그것처럼 비과학적인 발상이 어디에 있겠습니까! 하나님을 믿는 데도 믿음이 필요하지만, 하나님을 믿지 않는 데는 더 큰 믿음이 필요하다는 생각이 들지 않습니까?

– 우주는 빅뱅(Big Bang, 대폭발)에 의해 생겨났고 사람은 진화에 의해서 생겨났다는 가설을 믿는 것보다, 무오한 성경의 기록을 믿는 것이 훨씬 더 과학적이라 할 수 있습니다. 자기가 차고 있는 손목시계가 저절로 만들어졌다고 믿는 사람이 있다면 얼마나 어리석은 사람이겠습니까! 태양계나 우주는 손목시계보다 훨씬 더 정교하고 웅장합니다.

2. 하나님의 존재를 부인하는 사람들에 대해 성경은 뭐라고 하는지 시편 53편 1절과 10편 4절을 읽어봅시다.

- 시 53:1 – 어리석은 자라고 하십니다. 자기의 지식과 경험만을 가지고 하나님이 없다고 말하는 사람은 자기가 사는 동네에 갈매기가 없다고 해서 우리나라 전체에 갈매기가 없다고 말하는 사람과 다를 바 없습니다.
- 시 10:4 – 악한 자라고 하십니다. 악한 자는 하나님이 없다고 해야 악한 짓을 하더라도 마음이 편할 것입니다.

3. 하나님은 어떤 분이신지 아래 성경 구절들을 읽고 말씀해 보세요.

1) 출애굽기 3장 14절

– '스스로 있는 자(I AM)'입니다. 하나님은 영원 전부터 영원토록 항상, 스스로, 현재로 계시는 분입니다. 그러므로 하나님께는 시간적인 제한이 있을 수 없습니다. 하나님께는 우리의 과거도 현재이고, 미래도 현재일 뿐입니다.

2) 요한복음 4장 24절

– 영(靈)입니다. 하나님은 영이시기 때문에 사람의 육안으로는 볼 수가 없습니다. 또한 영이시기 때문에 공간도 초월하십니다.

3) 예레미야 23장 24절

– 천지에 충만하신 분입니다. 시간과 공간을 초월하시는 분이니 그럴 수밖에 없습니다.

4) 사도행전 17장 24-25절

– 우주와 만물을 지으신 분이며, 천지의 주재(주인)가 되시는 분입니다. 그러므로 그는 사람들에게 생명을 비롯한 모든 것을 주시는 분입니다. 우상과는 근본적으로 다른 분이고, 차원이 다른 분입니다.

5) 창세기 17장 1절

– 전능한 분이며, 사람들에게 완전(흠 없음)을 요구하시는 분입니다.

6) 레위기 11장 44-45절

– 거룩한 분이며, 사람들에게 거룩을 요구하시는 분입니다.

4. 하나님은 나의 삶과 어떤 관계가 있는지 시편 139편 13, 15-16, 2-4절을 읽고 말씀해 보세요.

- 13절 – 하나님은 나를 만드신 분입니다. (부모가 자식을 낳지만 부모가 자식을 만드는 것이 아닙니다. 하나님께서 부모를 통하여 창조하시는 것입니다.)
- 15-16, 2-4절 – 나의 모든 것을 알고 계시고, 나의 모든 것을 정하신 분입니다. (사람의 생사와 화복은 하나님께 달려 있습니다.)

과 제

1) 오늘 살펴본 성경 구절들 중에서 중요하다고 생각되는 구절들을 써보세요.
2) 로마서 1장 20절을 암송하세요.
3) 요한복음 6-10장을 읽으세요.

＊ 기도로 마치세요.

1단계

3. 사람에 대하여

＊ 이 과의 목적은 새가족으로 하여금 자신이 죄인인 것을 깨닫게 하는 것입니다. 죄인인 것을 깨닫지 못하고는 구원받을 수 없기 때문입니다.

＊ 공부에 앞서

1) 한 주간의 삶을 간단하게 나누세요.

2) 과제를 점검하세요.

- 암송과제(롬 1:20)는 인도자가 먼저, 또는 새가족과 함께 외우도록 하십시오.
- 과제로 읽은 성경(요 6-10장)에 대해 느낀 점을 서로 나누세요.

3) 기도로 시작하세요.

1. 사람은 어디서 왔을까요? 사람의 기원에 대해서 성경은 무엇을 말하는지 창세기 2장 7절과 1장 27-28절을 읽어봅시다.

- 창 2:7 – 하나님께서 흙으로 만드셨습니다. 사람이 흙에서 왔다는 사실이 믿어지지 않을 수도 있겠으나 사람이 죽으면 흙이 되는 것을 보면 사람은 흙에서 온 것이 분명합니다.
- 창 1:27-28 – 하나님께서 하나님의 형상대로 만드셨습니다. 하나님은 영이시기 때문에 어떤 형상을 가지고 계시는 분이 아닙니다. '형상대로' 지었다는 것은 하나님께서 가지고 계시는 인격적인 면과 영적인 면을 사람에게도 있게 하셨다는 의미입니다(엡 4:23-24, 골 3:10 참조). 동물에게는 사람에게 있는 인격과 영적인 면이 없습니다.

2. 사람은 수고하며 살다가 결국에는 한 줌의 흙으로 돌아가게 됩니다. 그 이유가 무엇인지 창세기 3장 17-19절과 로마서 5장 12절을 읽고 말씀해 보세요.

- 창 3:17-19 – 하나님 말씀에 불순종했기 때문입니다. 왜 하나님께서 '선악과'를 에덴동산에 두어 사람으로 따먹게 하셨냐고 묻는 사람이 있을 수 있습니다. 알면 아는 대로 설명을 해주시고, 모르면 모른다고 대답을 하되 논쟁은 하지 마십시오. 논쟁은 도움이 되지 않습니다.

  하나님께서 금한 열매는 선악과 하나였던 것에 비해 하나님께서 허락하신 열매는 선악과를 제외한 모든 열매였다는 것과 하나님께서는 사람들에게 자유의지도 주셨다는 것을 기억해야 합니다. 선악과를 금하신 것은 사람에게는 복종해야 할 하나님이 계시다는 것을 가르쳐주기 위함이 아니었을까요?
- 롬 5:12 – 한 사람(아담)의 죄로 인하여 모든 사람이 죄인이 되었고, 사망이 모든 사람에게 이르게 되었기 때문입니다. 참고로, 아담이 지은 죄를 왜 모든 사람이 지은 것으로 간주하는 것일까요? 아담이 죄를 지었을 때 온 인류는 그의 몸속에 있었고, 그의 죄는 곧 인류의 죄이기 때문입니다(히 7:10 참조).

3. 죄 때문에 사람은 결국 죽는 것입니다. 사람들에게 어떤 죄가 있는지 마가복음 7장 21-23절, 갈라디아서 5장 19-21a절, 로마서 1장 28-31절을 읽어봅시다.

- 막 7:21-23 - 음란, 도둑질, 살인, 간음, 탐욕, 악독, 속임, 음탕, 질투, 비방, 교만, 우매함
- 갈 5:19-21a - 음행, 더러운 것, 호색, 우상숭배, 주술(마술: 어떤 일을 악령의 힘을 빌려 하는 것), 원수 맺는 것, 분쟁, 시기, 분냄, 당 짓는 것, 분열, 이단, 투기(질투), 술 취함, 방탕
- 롬 1: 28-31 - 불의, 추악, 탐욕, 악의, 사기, 살인, 분쟁, 사기, 악독, 수군수군함, 비방, 하나님을 미워함, 능욕(거만), 교만, 자랑, 악을 도모함, 부모를 거역함, 우매, 배약, 무정, 무자비

- 이런 죄에 해당되지 않는 사람이 어디에 있겠습니까! 새가족에게 죄인임을 인정하는지 한 번 물어보십시오.

> 하나님의 기준으로 볼 때 죄인 아닌 사람이 있을까요? 없습니다(로마서 3:10-12). 하나님을 떠나 사는 것 자체가 엄청난 죄요, 그것에서부터 모든 죄는 시작됩니다(로마서 1:28).

4. 하나님께서 사람을 창조하신 원래 목적은 무엇일까요? 이사야 43장 7절과 21절을 읽고 말씀해 보세요.

- 사람을 통해 영광 받는 것입니다.

> 하나님을 떠나 죄를 지으며 살아가는 인생은 결코 행복할 수 없습니다. 그런 인생을 두고 모세는 다음과 같이 말했습니다. "주께서 우리의 죄악을 주의 앞에 놓으시며, 우리의 은밀한 죄를 주의 얼굴 빛 가운데에 두셨사오니, 우리의 모든 날이 주의 분노 중에 지나가며 우리의 평생이 순식간에 다하였나이다. 우리의 연

수가 칠십이요, 강건하면 팔십이라도 그 연수의 자랑은 수고와 슬픔뿐이요, 신속히 가니 우리가 날아가나이다"(시편 90:8-10).

- 사람에게 고통이 있고 슬픔이 있고, 결국에는 죽을 수밖에 없는 것은 사람에게 죄가 있기 때문입니다.

5. 죽음 이후에는 어떤 일이 있는지 히브리서 9장 27절과 요한계시록 21장 8절을 통해 알아봅시다.
   - 히 9:27 - 죽음 뒤에는 심판이 있습니다.
   - 계 21:8 - 죄가 있는 사람들은 '불과 유황으로 타는 못'에 던져집니다. 이것을 '둘째 사망'이라고 합니다.

6. 당신은 당신이 죄인인 것을 알고 계십니까? 하나님께서 당신에게 원하시는 것이 무엇인지 베드로후서 3장 9b절을 읽고 말씀해 보세요.
   - 이 과의 공부를 통하여 새가족이 자신이 죄인인 것을 깨닫는 것이 중요합니다. 제대로 깨달았는지 확인해보시고, 깨닫지 못했다면 다시 설명해 주십시오. 죄 중에서 가장 큰 죄는 결국 하나님을 떠난 죄라고 할 수 있습니다(요 16:9).
   - 하나님은 죄인이 회개하고 돌아오기를 원하십니다.

과 제

1) 오늘 살펴본 성경 구절들 중에서 중요하다고 생각되는 구절들을 써보세요.
2) 로마서 5장 12절을 암송하세요.
3) 요한복음 11-15장을 읽으세요.

* 기도로 마치세요.

1단계

4. 예수님에 대하여

* 이 과의 목적은 새가족에게 예수님을 소개해 주고, 구원받도록 하는 것입니다. 지금까지 세 번에 걸쳐 만나 공부한 목적이 바로 이 과의 공부를 위함이었습니다. 새가족이 믿음의 결단을 내리고 구원받을 수 있도록 기도하는 마음으로 함께 공부하시기 바랍니다.

* 공부에 앞서

1) 한 주간의 삶을 간단하게 나누세요.

2) 과제를 점검하세요.

- 암송과제(롬 5:12)는 인도자가 먼저, 또는 새가족과 함께 외우도록 하십시오.
- 과제로 읽은 성경(요 11-15장)에 대해 느낀 점을 서로 나누세요.

3) 기도로 시작하세요.

1. 성경은 예수님에 대해서 무엇을 말하는지 빌립보서 2장 6-8절과 골로새서 1장 15-17절을 읽어봅시다.

- 빌 2:6-8 - 십자가에 달려 돌아가셨지만 '그는 근본 하나님의 본체'가 되시는 분입니다. '그는 근본 하나님의 본체'라는 말은 그 분은 사람의 모습을 하고 계셨지만 그분의 속은 하나님이라는 말입니다.
- 골 1:15-17 - 보이지 아니하는 하나님의 형상이요, 이 세상 우주만물의 창조주가 되시는 분입니다. 하나님은 영이시므로 형상도 없으시고, 사람의 눈에 보이지도 않지만 하나님께서 사람의 눈에 보이는 형상으로 오셨는데 그분이 바로 예수님이라는 말씀입니다.

예수님은 하나님께서 인간의 몸을 입고 이 땅에 오신 분입니다. 그분은 하나님이셨기에 초자연적인 능력을 행할 수 있었고, 수많은 기적을 행할 수 있었습니다.

2. 하나님께서 인간의 몸으로 이 땅에 오신 목적이 무엇일까요? 십자가에서 처참하게 돌아가신 이유가 무엇일까요? 마태복음 20장 28절, 요한일서 2장 2절, 이사야 53장 5-6절을 읽고 말씀해 보세요.

- 마 20:28 - 자기 목숨을 많은 사람의 대속물로 주려고 오셨습니다. '대속물'은 '몸값', '배상금'이라는 뜻입니다.
- 요일 2:2 - 우리의 죄를 위한 화목 제물이 되시려고 오셨습니다. '화목 제물'은 '화목을 위한 제물', '속죄 제물'이라는 뜻입니다.
- 사 53:5-6 - 우리의 죄를 담당해 주시려고 오셨고 돌아가셨습니다. 사람에게는 자신의 죄 문제를 해결할 능력이 없기에 하나님께서 친히 인간의 몸으로 오셔서 죄 값을 대신 지불해 주신 것입니다.

- 위대한 하나님의 사랑이 아닐 수 없습니다(롬 5:8, 요일 4:10).

3. 죽음 뒤에 예수님은 어떻게 되었을까요? 로마서 4장 25절을 읽고 말씀해 보세요.

– 다시 살아나셨습니다. 이 점이 예수님이 다른 모든 종교의 창시자와 다른 점입니다.

예수님은 3일 만에 다시 살아나셨습니다. 예수님의 부활은 구약에 예언된 내용이고, 많은 목격자들이 있었던 실제적인 사건입니다(사도행전 2:29-32, 13:30-35, 고린도전서 15:3-8).

– 예수님의 제자들과 박해자였던 사울(바울)이 예수님의 부활을 목격하지 못했어도 예수 그리스도의 복음을 위하여 고난당하는 삶을 살다가 순교했을까요? 그들의 삶과 죽음이 예수님의 부활이 사실인 것을 증명하고 있습니다.

4. 하나님께서 당신을 사랑하셔서 인간의 몸으로 이 땅에 오셨고, 당신을 위해 십자가에서 피 흘려 돌아가셨습니다. 이 사실을 믿고 받아들일 때 죄와 멸망에서 구원받고, 영원한 생명을 선물로 받게 됩니다(요한복음 3:16, 1:12, 로마서 10:9, 6:23). 당신은 예수님에 대해서 어떤 결단을 내리시겠습니까?

– 예수님을 믿겠다고 하면 그 믿음을 칭찬해주시고 아래의 영접기도를 따라하게 하십시오. 기도를 할 수 있는 분이라면 직접 자기의 말로 하게 하는 것이 더 좋습니다.

예수님을 통해 보여주신 하나님의 사랑을 받아들이기 원하면 다음과 같이 기도하십시오. "하나님, 저는 죄인입니다. 지금까지 저는 하나님을 떠나 살았습니다. 예수님께서 저를 위해 돌아가신 것도 몰랐습니다. 이제 예수님께서 저를 위해 돌아가신 것을 믿으며, 예수님을 저의 주님과 하나님으로 모셔 들이기 원합니다. 저를 받아주십시오. 예수님의 이름으로 기도드립니다. 아멘."

- 기도가 끝난 후에는 진심으로 하셨는지 물어보고, 진심으로 하셨다면 하나님께서 그 믿음을 보시고 구원해 주신 것을 말씀해 주십시오. 구원의 확신에 대한 말씀으로는 요한복음 1장 12절이나 5장 24절이 좋습니다. 구원의 확신과 지속적인 믿음의 성장을 위하여, 새가족이 원할 경우에 2단계 공부를 계속하는 것도 도움이 될 것입니다.
- 영접기도와 관련하여 알아야 할 것은 영접기도 자체가 사람을 구원하는 것이 아니라, 예수님에 대한 믿음이 구원한다는 것입니다. 그러나 영접기도는 믿음을 표현할 수 있는 좋은 방법이고, 입으로 자신의 믿음을 표현할 때 믿음이 더 견고케 되는 장점이 있습니다.
- "아직 잘 모르겠다", "믿어지지 않는다"고 하는 분에게는 계속 교회에 나와서 하나님의 말씀을 들을 것을 권하고, 그의 구원을 위해 계속 기도하면서 교제해 주시기 바랍니다.

과 제

1) 오늘 살펴본 성경 구절들 중에서 중요하다고 생각되는 구절들을 써보세요.
2) 요한복음 1장 12절을 암송하세요.
3) 요한복음 16-21장을 읽으세요.

* 기도로 마치세요.

2단계

새 삶으로의 초대

구원받은 그리스도인은 예수 그리스도 안에서 새로운 삶을 살아야 합니다. 구원이 중요하기는 하지만 전부는 아닙니다. 구원은 새로운 시작을 의미하는 것입니다. 구원받은 그리스도인은 침례를 받아야 하며 교회를 중심으로 신앙생활을 해야 합니다. 이 성경공부가 당신을 그렇게 하도록 도와줄 것입니다. 열린 마음으로 공부해 나갈 때 하나님께서 특별하신 은혜와 축복으로 당신과 함께해 주시기를 기도합니다.

"그런즉 누구든지 그리스도 안에 있으면 새로운 피조물이라. 이전 것은 지나갔으니 보라 새 것이 되었도다"(고린도후서 5:17)

2단계 순서

2단계

1. 구원의 확신에 대하여

* 이 과의 목적은 구원받은 새가족으로 하여금 분명한 구원의 확신을 갖도록 하는 것입니다. 구원의 확신이 없는 새가족이라면 <1단계> '구원으로의 초대'부터 공부하도록 하십시오.

* 공부에 앞서
  1) 한 주간의 삶을 간단하게 나누세요.
  2) 기도로 시작하세요.

1. 구원받은 그리스도인이라면 구원의 확신이 있어야 합니다. 구원의 확신이 왜 중요한 것일까요?

– 구원의 확신 없이 신앙생활 하는 것은 불안한 일입니다. 죽어서 천국에 갈지, 지옥에 갈지 모른다면 얼마나 불안한 일입니까. 신앙생활에 기쁨도 있을 수 없습니다.

2. 신앙생활을 하는 사람들 중에는 구원의 확신 없이 신앙생활을 하는 사람들도 많습니다. 그들은 구원의 여부를 죽어봐야 아는 것으로 생각합니다. 거기에 대해 성경은 뭐라고 말씀하는지 고린도후서 13장 5절을 읽어봅시다.

– 구원의 여부는 죽어봐야 알 수 있는 것이 아니라, 살았을 때 알 수 있는 것입니다.

3. 자신이 구원받은 것을 어떻게 알 수 있을까요? 요한일서 5장 13절을 읽고 말씀해 보세요.

– 하나님의 말씀을 통해 알 수 있습니다.

> 구원의 확신은 항상 하나님의 말씀에 근거를 두어야 합니다. 자신의 감정이나 느낌, 주관적인 체험에 근거를 두면 흔들릴 수밖에 없습니다.

– 예수님을 믿는다고 하면서도 구원의 확신을 갖지 못하는 대부분의 사람들은 구원의 확신을 자신의 감정이나 느낌에 두기 때문입니다.

4. 구원받은 사람은 예수 그리스도 안에서 어떤 복을 누리게 되었는지 아래 성경 구절들을 읽고 말씀해 보세요.

1) 에베소서 1장 7절

- 죄 사함 받음

2) 로마서 3장 24절

- 의롭다 하심을 얻음

3) 요한복음 1장 12절

- 하나님의 자녀가 됨

4) 요한복음 5장 24절, 10장 28절

- 영생을 얻음, 심판에 이르지 아니함, 사망에서 생명으로 옮김(장차 그렇게 될 것이라는 말씀이 아니라 이미 그렇게 되었다는 말씀임)

5) 요한복음 14장 3절

- 천국에 갈 수 있음

5. 구원받은 사람의 마음속에는 성령님이 계십니다. 성령님께서는 구원의 확신과 관련해서 어떤 일을 하시는지 로마서 8장 16절을 읽고 말씀해 보세요.

- 구원받은 사람은 하나님의 자녀가 되었음을 증언해 주십니다. 성령님이 마음속에 계시지 않는 사람은 구원의 확신에 관한 말씀을 아무리 읽어도 구원의 확신이 생기지 않습니다. 참고로, 오늘날 우리가 예수님의 부활을 보지 못했음에도 불구하고 부활이 믿어지는 것도 성령님께서 역사하시기 때문입니다(행 5:32 참조).

6. 당신은 구원의 확신이 있습니까? 당신이 구원받은 것을 어떻게 알 수 있습니까? 구원받은 후에 당신에게는 어떤 변화가 있었습니까?

- 새가족의 구원의 확신을 점검할 수 있는 좋은 기회입니다. 새가족으로 하여금 말할 시간을 주고 잘 들어보시기 바랍니다. 두 번째 질문에 대해, 하나님의 말씀을 통해 구원받은 것을 알 수 있다고 대답하면 구원의 확신을 제대로 가지고 있는 사람으로 이해해도 좋을 것입니다. 구원받은 후의 변화에 대해서는 여러 가지가 있을 수 있으나 가장 큰 변화는 하나님과 예수님에 대한 생각, 가치관 · 인생관의 변화라 할 수 있을 것입니다.

과 제

1) 오늘 살펴본 성경 구절들 중에서 중요하다고 생각되는 구절들을 써보세요.
2) 요한복음 5장 24절을 암송하세요.
3) 로마서 1-4장을 읽으세요.

* 기도로 마치세요.

2단계

2. 침례에 대하여

* 이 과의 목적은 구원은 받았지만 성경적인 침례를 받지 않은 새가족으로 하여금 침례 받도록 하는 것입니다.

* 공부에 앞서

1) 한 주간의 삶을 간단하게 나누세요.

2) 과제를 점검하세요.

- 암송과제(요 5:24)는 인도자가 먼저, 또는 새가족과 함께 외우도록 하십시오.
- 과제로 읽은 성경(롬 1-4장)에 대해 느낀 점을 서로 나누세요.

3) 기도로 시작하세요.

1. 구원받은 그리스도인은 침례를 받아야 합니다. 침례는 예수님께서 마태복음 28장 19절에서 명하신 내용이기도 합니다. 침례가 무엇을 상징하는 의식인지 로마서 6장 3-4절과 골로새서 2장 12절을 읽어봅시다.

- 침례는 구원받은 그리스도인이 그리스도와 함께 죽고, 그리스도와 함께 다시 살아난 것을 상징하는 의식입니다.

2. 침례를 받는 시점으로는 언제가 좋을까요? 사도행전 2장 40-41절, 8장 12절, 8장 35-36절, 16장 32-33절을 읽고 말씀해 보세요.

- 구원받은 직후가 가장 좋습니다. 구원받은 직후 받는 것이 어렵다면 가능한 한 빨리 받는 것이 좋습니다. 그것이 성경의 가르침입니다.

3. 베드로전서 3장 21절과 갈라디아서 3장 27절은 침례의 의미를 어떻게 설명합니까?

- 벧전 3:21 - "하나님을 향한 선한 양심의 간구"(개역개정)라고 했습니다. "하나님을 향한 선한 양심의 간구"를 다른 번역판에서는 다음과 같이 번역해 놓았습니다. "선한 양심이 하나님을 향하여 찾아가는 것"(개역한글), "선한 양심을 가지려고, 하나님께 드리는 호소"(표준새번역), "선한 양심이 하나님을 향해 응답하는 것"(우리말), "깨끗한 양심으로 살겠다고… 서약을 하는 것"(공동번역), "the pledge of a good conscience toward God"(NIV, 하나님을 향한 선한 양심의 서약). 침례는 그리스도인이 하나님께 하는 서약이라 할 수 있습니다.
- 갈 3:27 - 그리스도와 합하는 것이라 했습니다. 결혼식이 남녀를 하나로 묶는 의식이듯 침례는 그리스도인을 그리스도와 하나로 묶는 의식이라 할 수 있습니다.

침례는 마음속에 이루어진 구원의 사실을 외적으로 나타내는 간증이기도 하고, 그리스도인으로서 신실하게 살겠다는 서약이기도 합니다. 결혼식 없이 혼인 신고만 해도 합법적인 부부가 될 수 있지만 사람들이 결혼식을 하는 이유는 결혼식이 갖는 특별한 의미가 있기 때문입니다. 그리스도인에게 있어서 침례가 그와 같다고 할 수 있습니다.

4. 침례의 형식은 오늘날 크게 둘로 나누어져 있습니다. 머리에 물을 뿌리는 형식의 '세례'와 온 몸을 물에 잠그는 '침례'가 그것입니다. 성경에서 보여주는 형식은 어떤 것인지 요한복음 3장 23절, 마태복음 3장 13절, 사도행전 8장 36-38절을 읽고 말씀해 보세요.

- 요 3:23 – 침례 요한이 애논이라는 곳에서 침례를 베푼 것은 그곳에 물이 많았기 때문입니다. 침례 요한이 세례를 베풀었다면 많은 물이 필요 없었을 것입니다.
- 마 3:13 – 예수님도 요단 강에서 침례를 받으셨습니다. 침례가 아니었다면 굳이 요단 강에서 받을 이유가 없습니다.
- 행 8:36–38 – 에디오피아 내시가 물 있는 곳에 멈추어 선 것은 침례를 받기 위함이었습니다. 그가 받은 것이 세례였다면 굳이 물 있는 곳에 멈추어 설 필요가 없습니다. 수레 안에도 세례 받을 만큼의 물은 있었을 테니까요.

– 성경에서 보여주는 형식은 온 몸이 물속에 잠기는 침례입니다.

우리나라 성경에는 주로 '세례(洗禮)'라고 되어 있는데 이것은 번역상의 오류입니다. '침례(baptism)'라는 말의 어원은 헬라어의 '밥티조'인데 이는 '잠그다, 담그다'라는 의미이므로 '침례(浸禮)'가 옳은 번역입니다.

5. 당신은 침례를 받으셨습니까? 침례에 대해 오늘 새롭게 배운 것이 있다면 말씀해 보세요.

– 새가족이 아직 침례를 받지 않았다면 침례를 받도록 권하십시오. "세례를 받았으면 됐지 왜 또 침례를 받아야 하느냐?" 하며 침례에 대해 거부감을 가진 사람도 있을 수 있습니다. 그런 사람에게는 강요하지 마시고, 조심스럽게 침례가 성경적인 것만 말씀드리고, 마음 문이 열릴 때까지 기도하면서 계속 공부를 해나가시기 바랍니다.

과 제

1) 오늘 살펴본 성경 구절들 중에서 중요하다고 생각되는 구절들을 써보세요.
2) 마태복음 28장 19절을 암송하세요.
3) 로마서 5-8장을 읽으세요.

∗ 기도로 마치세요.

2단계

3. 교회생활에 대하여

＊ 이 과의 목적은 새가족으로 하여금 주일예배뿐 아니라 구역모임(셀모임, 목장모임)에도 잘 나가도록 하는 것입니다.

＊ 공부에 앞서

1) 한 주간의 삶을 간단하게 나누세요.

2) 과제를 점검하세요.

- 암송과제(마 28:19)는 인도자가 먼저, 또는 새가족과 함께 외우도록 하십시오.
- 과제로 읽은 성경(롬 5-8장)에 대해 느낀 점을 서로 나누세요.

3) 기도로 시작하세요.

1. 그리스도인은 교회를 중심으로 신앙생활을 해야 합니다. 교회란 무엇이며(고린도전서 1:2a 참조), 교회를 중심으로 신앙생활을 해야 하는 이유는 무엇일까요?(에베소서 5:29-30 참조)

- 교회는 "그리스도 예수 안에서 거룩하여지고 성도라 부르심을 받은 자들"(고전 1:2a)입니다. 즉, 건물이 아니라 구원받은 사람들의 모임인 것입니다. 교회를 중심으로 신앙생활을 해야 하는 이유는 그리스도인은 교회를 통하여 '양육'받고 '보호'받기 때문입니다(엡 5:29-30). 석탄이나 나무도 모여 있을 때 잘 타는 것처럼 그리스도인도 다른 그리스도인들과 함께 신앙생활 할 때 믿음이 잘 자라는 것입니다.

2. 교회의 기능과 역할 중에서 가장 중요한 두 가지는 무엇일까요? 아래 구절들을 읽고 말씀해 보세요.

1) 요한복음 4:23, 이사야 43:21, 에베소서 1:5-6

- 하나님은 예배하는 자를 찾으시고(요 4:23), 하나님께서 우리를 지으신 목적(사 43:21)과 구원해 주신 목적(엡 1:5-6)은 예배입니다.

2) 마태복음 28:19, 마가복음 16:15, 사도행전 1:8

- 예수님께서 제자들(그리스도인들)에게 주신 가장 큰 명령은 전도입니다.

- 위의 말씀들을 종합해 보면 교회의 기능과 역할 중에서 가장 중요한 두 가지는 예배와 전도라 할 수 있습니다.

교회의 본질은 예배요, 사명은 전도라 할 수 있습니다. 그러므로 교회와 그리스도인은 이 두 가지를 정말 잘해야 합니다.

- 교회는 예수 그리스도의 부활을 믿는 사람들이 하나님께 예배드리기 위해 모인 모임이므로 예배가 교회의 본질이라 할 수 있고, 전도는 예수 그리스도께서 주신 가장 큰 명령이므로 교회의 사명이라 할 수 있습니다.

3. 초대 교회 성도들은 어떻게 신앙생활을 했는지 사도행전 2장 46-47절과 5장 42절을 읽어봅시다.

- 초대 교회 성도들은 정말 열심히 신앙생활을 했습니다. 그들은 '날마다' 모여 예배하고 ('하나님을 찬미'), 전도하고, 말씀 배우고, 교제했습니다. 그들은 성전에서도 모이고, 집에서도 모였습니다.

4. 초대 교회 성도들은 '성전'과 '집'을 중심으로 신앙생활을 하였습니다. '성전' 모임은 오늘날의 대그룹모임이라 할 수 있고, '집' 모임은 소그룹모임이라 할 수 있습니다. 대그룹모임(주일예배)과 소그룹모임(구역, 셀, 목장모임 등)에는 각각 어떤 유익과 장점들이 있을까요?

- 대그룹모임의 유익과 장점 - 더 힘 있는 예배를 드릴 수 있고, 더 큰 일을 할 수 있습니다.
- 소그룹모임의 유익과 장점 - 더 친밀한 교제를 나눌 수 있고, 서로를 더 잘 섬길 수 있습니다.

5. 교회는 계속 지어져가는 성전과도 같습니다(에베소서 2:20-22). 교회를 잘 세우기 위해 당신이 해야 할 일은 무엇일까요? 아래 구절들을 읽고 말씀해 보세요.

1) 히브리서 10장 24-25절

- 서로 돌아보아 사랑과 선행을 격려하며 모이기를 힘써야 합니다. ('서로'라는 말을 염두에 두면, 여기서의 모임은 대그룹모임뿐 아니라 소그룹모임도 해당된다고 볼 수 있습니다. 히 10:24-25 말씀을 더 잘 실천하려면 결국 소그룹모임에도 참석해야 하는 것입니다.)

2) 베드로전서 4장 10절

- 은사를 받은 대로 서로 봉사해야 합니다. (이 말씀도 소그룹모임 상황에서 더 잘 적용될 수 있습니다.)

3) 갈라디아서 6장 2절

- 짐을 서로 나눠져야 합니다. (나눠져야 할 짐에는 어떤 것들이 있을까요? 교회의 재정적인 필요를 감당하는 일, 영혼을 돌아보고 전도하는 일, 봉사하고 헌신하는 일, 잘못된 사람을 바로잡아 주는 일(갈 6:1) 등이 있습니다.)

6. 교회생활을 소홀히 하거나 잘못하게 될 때 어떤 손해를 보게 될까요?

- 하나님과 멀어지게 되고, 마음이 강퍅해지고, 죄를 더 쉽게 짓게 되고, 마음의 평안을 잃게 되는 등 여러 가지 문제가 생길 수 있습니다. (신앙생활을 소홀히 했거나 제대로 하지 않았던 때가 있다면 그때의 경험을 새가족에게 들려주세요. 성공한 간증도 좋지만 때로는 실패한 간증을 들려주므로 새가족으로부터 더 큰 공감과 친밀감을 얻어낼 수도 있습니다.)

과 제

1) 오늘 살펴본 성경 구절들 중에서 중요하다고 생각되는 구절들을 써보세요.
2) 히브리서 10장 24-25절을 암송하세요.
3) 로마서 9-12장을 읽으세요.

* 기도로 마치세요.

2단계

4. 개인 경건생활에 대하여

＊ 이 과의 목적은 새가족으로 하여금 개인적으로 말씀과 기도생활을 꾸준히 하도록 하는 것입니다.

＊ 공부에 앞서

1) 한 주간의 삶을 간단하게 나누세요.

2) 과제를 점검하세요.

- 암송과제(히 10:24-25)는 인도자가 먼저, 또는 새가족과 함께 외우도록 하십시오.
- 과제로 읽은 성경(롬 9-12장)에 대해 느낀 점을 서로 나누세요.

3) 기도로 시작하세요.

1. 하나님은 당신이 경건한 그리스도인으로 살기를 원하십니다(디모데전서 4:7). 경건한 그리스도인으로 살기 위해서는 말씀생활과 기도생활이 필수적이라 할 수 있습니다. 당신은 요즘 말씀과 기도생활을 어떻게 하고 있습니까?

- 새가족의 개인 경건생활에 대해 알아보기 위한 질문입니다. "규칙적으로 말씀을 읽고 있는가?" "기도는 하루에 어느 정도 하는가?" 하는 질문입니다. 새가족이 제대로 경건생활을 못하고 있다 해도 무안하게 해서는 안 됩니다.

2. 예수님은 경건생활을 어떻게 하셨는지 마가복음 1장 35절, 누가복음 5장 16절, 6장 12절을 읽고 말씀해 보세요.

- 막 1:35 – 아침 일찍 일어나 한적한 곳에서 기도하셨습니다.
- 눅 5:16 – 한적한 곳에서 기도하셨습니다.
- 눅 6:12 – 산(한적한 곳)에서 밤이 새도록 기도하셨습니다.

- 예수님은 누구보다도 바쁜 분이셨지만 항상 기도에 힘쓰셨습니다.

3. 시편 5편 3절과 143편 8절을 읽고 다윗의 경건생활에 대해 말씀해 보세요.

- 시 5:3 – 아침에 기도했습니다.
- 시 143:8 – 아침에 하나님의 말씀을 읽고, 기도(영혼을 주께 드림)했습니다.

4. 말씀중심의 경건생활이 주는 유익에 대해서 아래 구절들을 읽고 말씀해 보세요.

1) 시편 119편 105절

– 갈 길을 인도해줍니다.

2) 시편 119편 97-100, 130절

– 지혜롭고 명철하게 해줍니다.

3) 시편 119편 104, 133절

– 거짓과 죄악을 미워하게 되고, 멀리하게 됩니다.

4) 시편 119편 50, 143절

– 환난 중에도 위로와 즐거움을 줍니다. (이에 대한 좋은 간증이 있으면 새가족에게 들려주세요. 또 새가족이 원한다면 새가족으로 하여금 간증을 하게 할 수도 있습니다.)

5) 시편 119편 165절

– 평안이 있고, 장애물이 없습니다. (장애물이 없다는 말은 '아무런 어려움이 없다'는 의미가 아니라, 어려움이 있어도 '넘어지지 않는다, 실망하거나 좌절하지 않는다'는 의미입니다.)

5. 예수님, 다윗, 시편 119편의 저자(147-148절)는 주로 이른 아침시간을 이용하여 경건의 시간을 가졌습니다. 그 이유가 무엇일까요? 아침은 어떤 면에서 좋을까요? 당신은 하루 중 언제 주님과 교제하는 시간을 갖고 계십니까, 또는 갖기 원하십니까?

– 하루 중 가장 조용하고 방해받지 않을 수 있는 시간이 이른 아침(새벽)입니다. 또한 아침은 하루가 시작되는 첫 시간이기도 합니다. 조용한 첫 시간을 주님과 함께 보낸다는 것은 의미 있는 일입니다. 새가족에게 하루 중 언제 주님과 교제하는 시간을 갖고 있는지 물어보고, 아직 그런 시간을 갖고 있지 않다면 시간을 정하여 꼭 갖도록 권면하십시오.

매일 규칙적으로 성경을 읽고 묵상하고 기도하는 것은 대단히 중요합니다. 개인의 경건생활은 규칙적인 말씀과 기도생활에서부터 시작된다고 해도 과언이 아닙니다. 말씀과 기도생활이 당신의 거룩한 습관이 되게 하십시오. 그 습관이 당신을 거룩한 사람으로 만들 것입니다.

과 제

1) 오늘 살펴본 성경 구절들 중에서 중요하다고 생각되는 구절들을 써보세요.
2) 시편 143편 8절을 암송하세요.
3) 로마서 13-16장을 읽으세요.

* 기도로 마치세요.

3단계

성경적 교회로의 초대

신앙생활은 바르게 하는 것이 중요합니다. 신앙생활을 바르게 하려면 좋은 교회를 만나는 것이 무엇보다 중요합니다. 어떤 교회가 좋은 교회일까요? 성경대로 믿고 가르치는 교회가 좋은 교회입니다. 열린 마음으로 이 교재를 공부해 나갈 때 성경적인 교회가 어떤 교회인가를 발견하고, 성경적인 교회에서 바르게 신앙생활하게 되기를 기도드립니다.

"경기하는 자가 법대로 경기하지 아니하면 승리자의 관을 얻지 못할 것이며"(디모데후서 2:5)

3단계 순서
1. 주기도문, 사도신경, 축도에 대하여
2. 교회의 직분에 대하여
3. 세례와 유아세례에 대하여
4. 성령침례(성령체험)와 방언에 대하여

3단계

1. 주기도문, 사도신경, 축도에 대하여

* 이 과의 목적은 주기도문이나 사도신경, 축도가 반드시 예배 순서에 포함되어야 하는 것은 아니며, 성경적인 교회들 중에는 이런 것들을 의도적으로 하지 않는 교회도 있음을 알게 하는 것입니다.

* 공부에 앞서
  1) 한 주간의 삶을 간단하게 나누세요.
  2) 기도로 시작하세요.

1. '주기도문'을 매 예배 때마다 하는 교회가 있는가 하면 그렇지 않은 교회도 있습니다. 주기도문의 원래 취지는 무엇이었는지 마태복음 6장 9-13절과 누가복음 11장 1-4절을 읽고 말씀해 보세요.

- 주기도문의 원래 취지는 예수님께서 제자들에게 기도를 가르쳐 주시기 위한 것이었습니다. 이를테면 기도의 한 예라고 할 수 있습니다. 그런데 그 내용이 좋다보니 사람들이 외우기 시작했고, 예배 중에 하게 된 교회들이 생겨난 것입니다. 주기도문을 매 예배 때마다 암송하게 될 때 생길 수 있는 문제는 없을까요? 습관적이고 형식적인 것이 될 수 있겠지요.

2. '사도신경'은 성경에는 없는 내용입니다. 그럼에도 불구하고 오늘날 많은 교회에서 사도신경을 예배 중에 고백합니다. 사도신경을 하고 안하고가 정통과 비정통, 성경적인 교회와 비성경적인 교회의 기준이 될 수 있을까요?

- 어떤 분들은 사도신경을 예배 중에 고백하지 않으면 문제가 있는 것처럼 생각을 하는데 그렇지 않습니다. 사도신경을 하고 안 하고가 성경적인 교회와 비성경적인 교회의 기준이 될 수는 없습니다.

> 신앙을 입으로 고백하는 것은 대단히 중요한 일입니다(로마서 10:9-10). 그러나 더 중요한 것은 그 고백이 마음으로부터, 구원의 체험으로부터 나와야 한다는 것입니다.

- 사도신경을 매 예배 때마다 암송을 하다보면 구원의 체험이 없는 사람도 자신이 마치 구원 받은 사람인 것처럼 착각할 수 있지 않겠습니까? 그런 점을 생각하면 신앙고백은 확실히 개인적으로 하는 것이 중요합니다.

3. ‘사도신경’이 당신의 신앙을 잘 대변하고 있다고 생각하십니까? 내용에 있어 문제되는 것은 없습니까?

- 새가족으로 하여금 생각하고 대답할 시간을 주십시오. 사도신경의 내용 중 문제되는 부분은 아래에 나와 있습니다.

사도신경은 12사도에게서 나왔다는 주장도 있으나 오늘날과 같은 형태의 사도신경은 로마 가톨릭교회에서 나온 것입니다. 사도신경의 ‘거룩한 공회’는 영어로 ‘Holy Catholic Church’, 즉 ‘거룩한 가톨릭(보편적인, 우주적인) 교회’이며, ‘성도가 서로 교통하는 것’은 ‘산 자와 죽은 자가 교통하는 것’, 즉 ‘산 자가 죽은 성인(聖人)에게 기도하는 것’을 의미합니다.

- 사도신경의 내용만 보아도 사도신경은 확실히 로마 가톨릭에서 나온 것이며, 내용 중에 비성경적인 부분이 있음을 알 수 있습니다.

4. 당신의 말로 할 수 있는 당신의 신앙고백은 무엇입니까?

- 새가족으로 하여금 예수 그리스도에 대하여 자신의 믿는 바를 말하게 해보십시오. 참고로, 베드로는 “주는 그리스도시요 살아계신 하나님의 아들이시니이다”(마 16:16)라고 고백했고, 도마는 “나의 주님이시요 나의 하나님이시니이다”(요 20:28)라고 고백했습니다.

5. 대부분의 교회는 축도로 예배를 마칩니다. '축도(祝禱)'는 말 그대로 '축복 기도'인데 꼭 어떤 형식(고린도후서 13:13)을 유지해야 하며, 손을 들고 해야 하는 것일까요? 축도를 하지 않는 교회도 있는데 그런 교회는 왜 축도를 하지 않는 것일까요? 베드로전서 2장 9a절("너희는… 왕 같은 제사장들")을 참고해서 말씀해 보세요.

- 축복기도를 위해서 꼭 어떤 형식의 문구를 사용해야 하는 것은 아니며, 손을 들고 해야 하는 것도 아닙니다. 또한 축복기도는 목사만 해야 한다는 말씀도 성경에는 없습니다. 더 성경적인 것을 추구하는 어떤 교회들 중에는 축도를 하지 않는 교회도 있는데 그 이유는 '구원받은 사람은 모두가 다 제사장'임을 믿기 때문입니다. 목사만 축도하다 보면 본의 아니게 목사에게 특별한 축복권이 있는 것으로 잘못된 인식을 심어줄 수 있습니다.

과 제

1) 오늘 살펴본 성경 구절들 중에서 중요하다고 생각되는 구절들을 써보세요.
2) 베드로전서 2장 9절을 암송하세요.
3) 베드로전서를 읽으세요.

* 기도로 마치세요.

3단계

2. 교회의 직분에 대하여

* 이 과의 목적은 성경에서 말하는 교회의 직분은 목사와 집사이며, 여자가 교회의 지도자 자리에 앉는 것은 성경적으로 문제가 있음을 새가족으로 하여금 알게 하는 것입니다.

* 공부에 앞서

1) 한 주간의 삶을 간단하게 나누세요.

2) 과제를 점검하세요.

- 암송과제(벧전 2:9)는 인도자가 먼저, 또는 새가족과 함께 외우도록 하십시오.
- 과제로 읽은 성경(벧전)에 대해 느낀 점을 서로 나누세요.

3) 기도로 시작하세요.

1. 우리나라 교회에는 성경이나 다른 나라 교회에는 없는 직분들이 있습니다. 예를 들면 어떤 것들이 있을까요? 성경에 나오는 교회의 직분에는 어떤 것들이 있습니까?

- 권사, 권찰, 전도사, 강도사 등의 직분은 성경에 나오지 않습니다. 성경에는 목사, 집사, 장로, 감독이 나옵니다.

2. 성경을 잘 보면 '목사', '감독', '장로'는 결국 같은 직분인 것을 알 수 있습니다. 어떻게 해서 그런지 아래 성경 구절들을 통해 알아봅시다.

1) 베드로전서 5장 1-4절

- '장로'를 하나님의 양 무리를 치는 자로 묘사했습니다. 양 무리를 치는 것은 목자, 즉 목사의 일입니다. '양 무리를 친다'는 말에서 '목사'라는 단어가 나왔습니다.

2) 디도서 1장 5, 7절

- '장로'(5절)를 '감독'(7절)이라고 했습니다.

3) 사도행전 20장 17, 28절

- '장로'(17절)를 '감독(자)'(28절)로 표현했고, 장로로 하여금 '교회를 보살피게'(28절) 했다고 했습니다. 여기서 '보살핀다'는 말은 '목양한다(to shepherd)'는 의미입니다.

- 위의 말씀들을 종합해 보면 목사, 장로, 감독은 결국 같은 직분임을 알 수 있습니다.

하나님께서 교회에 주신 직분은 목사(감독, 장로)와 집사입니다(빌립보서 1:1, 디모데전서 3:2, 8 참조). 목사(감독, 장로)는 교회의 지도자이며, 집사는 목사를 돕는 자입니다.

- 디모데전서 3장 말씀은 4번 문제에 나오므로 읽는 것을 생략하고, 빌립보서 1장 1절을 새가족과 함께 읽으십시오. 교회에는 감독과 집사, 즉 목사와 집사의 직분만 있으므로 "감독들과 집사들에게 편지하노니"라고 한 것입니다.

3. 사도행전 6장 1-6절에는 예루살렘 교회가 일곱 집사를 세우는 내용이 나옵니다. 집사를 세우게 된 배경이 무엇인지 말씀해 보세요.

- 사도들(당시 교회의 지도자들)의 일손이 부족하자 그것을 보완하기 위해 일곱 집사를 세웠습니다. 사도행전 6장 1-6절에는 '집사'라는 단어가 안 나오지만 '접대(to serve table, 테이블에서 섬긴다, 시중든다)'라는 말에서 '집사'라는 단어가 나왔습니다. '집사'는 '섬기는 자, 사역자, 종'이라는 뜻입니다.

4. 디모데전서 3장 1-13절을 읽고 목사(감독)와 집사의 자격에 대해 알아봅시다.

- 내용을 읽어보면 집사의 자격도 목사의 자격 못지않음을 보게 됩니다. '감독'의 자격 중에 '가르치기를 잘하며'(3b절) 하는 것이 있는데 이는 감독이 교회의 목사로서 가르치는 일을 하는 사람이기 때문입니다. 11절의 '여자들'은 집사의 아내들을 가리키는 것입니다. 11절의 '여자'와 12절의 '아내'는 헬라어로 같은 단어입니다.

5. 수천, 수만 명이 모였던 예루살렘 교회에 집사가 7명이었던 것을 감안하면 오늘날 우리나라의 어떤 교회들은 집사가 너무 많은 듯합니다. 필요 이상으로, 그것도 자격 없는 사람들까지 집사로 세우는 이유가 무엇이라고 생각합니까?

- 직분을 주어서 교회에 붙어 있게 하려는 것 아니겠습니까? 바람직한 것이 아닙니다.

6. 오늘날은 여자 목사, 여자 장로가 보편화되고 있는 추세입니다. 그러나 그것이 고린도전서 14장 34-35절, 디모데전서 2장 11-14절의 가르침과 대치되는 것은 아닐까요?

- 대치됩니다. 여자를 목사나 장로로 세우는 교회(교단)에서는 시대의 변화에 따른 당연한 일이라 할지 모르나 여자가 교회의 지도자 자리에 앉을 수 없는 것은 하나님의 창조질서와 관련된 것임을 잊어서는 안됩니다(딤전 2:13-14). 시대가 아무리 변해도 가정과 교회에서 하나님께서 정해주신 남녀의 역할은 변할 수 없습니다.

과 제

1) 오늘 살펴본 성경 구절들 중에서 중요하다고 생각되는 구절들을 써보세요.
2) 디모데전서 2장 12절을 암송하세요.
3) 디모데전서를 읽으세요.

* 기도로 마치세요.

3단계

3. 세례와 유아세례에 대하여

* 이 과의 목적은 한국의 많은 교회에서 행해지고 있는 세례와 유아세례는 성경에서 근거를 찾을 수 없는 잘못된 것임을 새가족에게 가르쳐 주는 것입니다.

* 공부에 앞서

1) 한 주간의 삶을 간단하게 나누세요.

2) 과제를 점검하세요.

- 암송과제(딤전 2:12)는 인도자가 먼저, 또는 새가족과 함께 외우도록 하십시오.
- 과제로 읽은 성경(딤전)에 대해 느낀 점을 서로 나누세요.

3) 기도로 시작하세요.

1. 교회에는 침례(세례)라는 의식이 있습니다. 그 형태는 크게 '침례'와 '세례'로 나누어집니다. 어느 것이 성경적인 것일까요?(요한복음 3:23, 마태복음 3:13, 사도행전 8:36-38 참조)

- 침례가 성경적입니다. (침례 요한이 애논이라는 곳에서 침례를 베풀었는데 그곳에는 물이 많았기 때문이라고 했습니다. 침례 요한이 침례가 아닌 세례를 베풀었다면 많은 물이 필요하지 않았을 것입니다. 예수님은 요단강에서 침례를 받으셨는데 침례가 아닌 세례를 받으셨다면 강이 아닌 곳에서도 가능했을 것입니다. 에디오피아 내시도 침례를 받으려고 하다 보니 많은 물이 필요했고, 그래서 물 있는 곳에 이르렀을 때 마차에서 내려 빌립과 함께 물에 들어가 침례를 받은 것입니다.)

성경의 실례(實例) 외에도 침례가 상징하는 것(예수 그리스도와 함께 죽고 다시 살아남)이나 '침례(baptism, baptize)'라는 말의 어원(밥티조: 담그다, 잠그다)을 보아도 침례가 성경적인 것을 알 수 있습니다.

- 침례는 그리스도와 함께 죽었다가 다시 살아난 것을 상징하는 의식입니다(롬 6:3-4, 골 2:12). 그러므로 그 의미를 잘 나타내려면 머리에 물만 뿌려서는 안 되고 온 몸이 물에 잠겨야 합니다.

2. 침례이든 세례이든 그 형식은 그렇게 중요한 것이 아니라고 생각하는 분들이 있습니다. 그러나 우리에게 침례의 형식을 마음대로 할 수 있는 권한이 있을까요? 침례와 직접 관련된 말씀은 아니지만 전도서 3장 14절, 디모데후서 2장 5절, 잠언 22장 28절을 읽고 말씀해 보세요.

- 전 3:14 – 하나님께서 정해 놓으신 것은 사람이 임의로 변경할 수 없습니다.
- 딤후 2:5 – 믿음의 경기에도 법은 있습니다. 하나님께서 정해 놓은 법을 사람이 마음대로 변경할 수는 없습니다.
- 잠 22:28 – 지계석은 땅의 경계를 나타내기 위해 세워놓은 돌입니다. 지계석(경계석)을 자기 마음대로 옮기는 것은 악한 일입니다. 믿음과 교리에도 지계석은 존재하며 그것을 우리 임의로 옮겨서는 안 되는 것입니다.

– 침례도 하나님께서 정해 놓으신 것입니다. 우리에게 그 형식을 바꿀 권한이 없습니다.

3. 유아에게 세례를 베풀고, 침례가 세례로 바뀌게 된 배경에는 침례를 구원의 조건으로 잘못 생각한 사람들이 있습니다. 사도행전 2장 38a절이나 22장 16절을 보면 침례가 '죄 사함', 즉 구원의 조건인 것처럼 보이기도 합니다. 그러나 성경을 전체적으로 보면, 침례가 대단히 중요한 것임에는 틀림없지만 그렇다고 구원의 조건은 아닙니다. 예수님의 십자가 옆에 달렸던 강도가 좋은 예일 것입니다(누가복음 23:39-43). 그런데 왜 그런 구절들(침례가 구원의 조건처럼 보이는)이 성경에 있을까요?

– 침례가 구원의 조건이라면 십자가 옆의 강도는 구원받을 수 없었을 것입니다. 그러나 그는 구원 받았고, 침례를 받지 않았음에도 불구하고 주님께로부터 '낙원(천국)'을 보장받았습니다. 침례가 구원의 조건처럼 보이는 구절(행 2:38a, 22:16)이 성경에 있는 것은 초대 교회 시절에는 구원과 침례가 같은 날 대부분 이루어졌고(막 1:5, 행 2:40-41, 8:12, 8:35-36, 16:32-34, 18:8 참조), 그러다 보니 구원과 침례가 한 사건인 것처럼 취급되는 경우가 있었습니다.

성경에는 유아가 침례(세례)를 받았다는 기록이 없습니다. 침례는 예수님을 믿은 사람들이 자신의 신앙고백을 근거로 받는 것이므로 유아에게는 해당될 수가 없습니다. 구약의 할례나 예수님께서 아이들을 축복해 주신 것을 유아세례의 근거로 제시하는 분들도 있지만 그것은 성경을 억지로 해석한 것에 불과합니다.

4. 당신은 언제 성경적인 침례를 받았습니까?

- 새가족으로 하여금 말해보게 하세요. 여기서 말하는 '성경적인 침례'란 몸이 물속에 완전히 잠기는 침례를 말하며, 구원받고 난 뒤에 받은 침례를 말합니다. 구원받기 전에 받은 침례라면 의미가 없는 것이므로 다시 받는 것이 옳습니다.

5. 세례나 유아세례에 대해서 오늘 새롭게 발견한 것이 있다면 말씀해 보세요.

- 새가족으로 하여금 말하게 하십시오. 잘 들어보면 그의 영적인 상태를 알 수 있습니다.

과 제

1) 오늘 살펴본 성경 구절들 중에서 중요하다고 생각되는 구절들을 써보세요.
2) 디모데후서 2장 5절을 암송하세요.
3) 디모데후서를 읽으세요.

＊ 기도로 마치세요.

3단계 4. 성령침례(성령체험)와 방언에 대하여

* 이 과의 목적은 오늘날 많은 교회와 그리스도인들에 의해 잘못 이해되고 있는 성령침례와 방언에 대해 새가족으로 하여금 바르게 이해하도록 돕는 것입니다.

* 공부에 앞서

1) 한 주간의 삶을 간단하게 나누세요.

2) 과제를 점검하세요.

- 암송과제(딤후 2:5)는 인도자가 먼저, 또는 새가족과 함께 외우도록 하십시오.
- 과제로 읽은 성경(딤후)에 대해 느낀 점을 서로 나누세요.

3) 기도로 시작하세요.

1. '성령체험'이라 불리기도 하는 '성령침례'란 무엇일까요? 사도행전 1장 5절과 8절을 읽고 말씀해 보세요.

– 성령침례란 성령 받는 것을 의미합니다. 성경에는 성령 받는 것을 또 다르게도 표현하는데 '성령을 마셨다'(고전 12:13), '성령으로 인쳤다'(엡 1:13) 하는 표현이 있습니다.

2. 유대인들에게는 오순절 날 성령이 처음으로 임했습니다(사도행전 2장). 오늘날 구원받는 그리스도인들에게는 언제 성령이 임하는 것일까요? 사도행전 19장 2a절, 에베소서 1장 13절, 로마서 8장 9절, 고린도전서 12장 3절을 읽고 말씀해 보세요.

- 행 19:2a – 사도 바울의 질문에 의하면 성령은 믿을 때 받는 것입니다.
- 엡 1:13 – 구원의 복음을 듣고 믿을 때 받습니다.
- 롬 8:9 – '그리스도의 영', 즉 성령이 없으면 그리스도의 사람이 아니라고 했습니다. 이 말씀에 의하면 구원받은 모든 그리스도인에게는 성령이 있습니다.
- 고전 12:3 – 예수님을 주님으로 고백할 수 있는 것도 성령이 계시기 때문에 가능합니다.

– 위의 말씀들을 종합해 보면 성령은 구원받은 모든 그리스도인에게 계시며, 구원받을 때 임한 것을 알 수 있습니다. 그런데 그렇게 생각하지 않는 사람들도 있는데 그 이유는 사도행전을 잘못 이해했기 때문에 그런 것입니다. 아래를 보십시오.

사도행전을 보면 구원받는 시점과 성령 받는 시점이 서로 다른 것처럼 보입니다. 그러나 성경을 전체적으로 잘 보면 성령은 구원받는 순간에 받는 것임을 알 수 있습니다. 사도행전에서는 구원받은 유대인(2장), 사마리아인(8장), 이방인들(10장)에게 처음으로 성령이 임하는 것을 보여주다 보니 그 시점이 다를 수밖에 없는 것입니다.

– 사도행전은 구약과 신약의 과도기적인 책입니다. 사도행전 그 시대는 신약성경이 기록되고 있던 때였고, 성령님의 사역이 새롭게 시작된 때였습니다. 그러므로 사도행전만 보고 교리를 세우는 것은 바람직하지 않습니다. 성경은 전체적으로, 바르게 이해하는 것이 중요합니다.

3. 오순절 날 성령을 받은 제자들은 배운 적이 없는 이 땅의 '다른 언어들(방언들)'로 말하기를 시작했습니다(사도행전 2:4, 7-8). 하나님께서 그들에게 방언의 은사를 주신 목적이 무엇일까요? 사도행전 2장 11절, 고린도전서 14장 22a절, 사도행전 1장 8절을 읽고 말씀해 보세요.

- 행 2:11 – 사람들로 하여금 자신들의 언어로 '하나님의 큰 일 말함'을 듣도록 하기 위하여 주셨습니다.
- 고전 14:22a – 믿지 않는 자들로 하여금 믿도록 하기 위하여 주셨습니다.
- 행 1:8 – 제자들(믿는 사람들)로 하여금 '땅 끝까지 이르러' 예수님의 증인이 되도록 하기 위하여 주셨습니다.

– 방언의 은사는 결국 복음전파를 위해 주신 것입니다. 다른 지역에 가서, 다른 언어를 쓰고 있는 사람들에게 복음을 전하려면 그들의 언어를 말할 줄 아는 것은 필수적입니다. 이것이 하나님께서 방언의 은사를 주신 이유입니다.

4. 오늘날에는 이 땅의 언어가 아닌 이상한 방언을 하는 분들이 많습니다. 그분들은 고린도전서 14장 2절과 13-14절을 내세우며 이 땅의 언어가 아닌 방언도 있다고 말합니다. 고린도전서 14장 2절과 13-14절의 의미는 무엇일까요?

- 고전 14:2 – 고린도 교회에는 방언을 전도 목적이 아니라 기도 목적으로 사용하는 사람들이 있었습니다(고전 14:14a 참조). 그런데 방언으로 기도를 하면 그 방언(외국말)을 모르는 사람들은 알아들을 수가 없는 것입니다.
- 고전 14:13-14 – 자기도 이해하지 못하는 다른 나라의 언어(방언)로 기도하면 영으로는 하나님께 기도하는 것이 되지만 정작 자신은 이해할 수 없습니다. 그것이 "나의 마음은 열매를 맺지 못하리라"(14)는 말씀의 의미입니다. "그러므로 방언을 말하는 자는 통역하기를 기도"(13)하라고 한 것입니다.

5. 방언의 은사는 오늘날에도 존재하는 것일까요? 고린도전서 13장 8-10절과 히브리서 2장 3b-4절을 읽고 당신의 생각을 말씀해 보세요.

- 고전 13:8-10 - 방언은 '온전한 것이 올 때' 그치는 은사입니다. '온전한 것'에 대해서는 몇 가지 견해가 있지만 신약성경의 완성으로 보는 것이 가장 타당해 보입니다. 사도 바울이 예수님의 재림을 염두에 두었다면 굳이 '온전한 것이 올 때'라는 애매한 표현을 쓸 필요가 없습니다. 왜냐하면 다른 곳에서는 '주께서 강림하실 때'라는 표현을 자연스럽게 쓰고 있기 때문입니다. 또한 야고보서 1장 25절에는 하나님의 말씀에 대하여 '온전한 율법'이라는 표현도 쓰고 있습니다. "예언도 폐하고… 지식도 폐하리라"(8절)는 말씀도 '신약성경의 완성' 견해를 지지해준다고 볼 수 있습니다. '예언'은 하나님께로부터 직접 받아 말하는 것이고, '지식'은 하나님께서 주시는 특별한 지식을 말하는데 이 둘은 신약성경의 기록과 밀접한 관계가 있습니다. 그러나 신약성경이 완성되면 이런 것들도 자연스럽게 사라지게 되는 것입니다.
- 히 2:3b-4 - '성령이 나누어 주신 것'에는 방언의 은사도 포함됩니다. 여기서 중요한 것은 문장의 시제가 과거라는 것입니다. 이것은 히브리서가 기록될 당시에 이미 방언의 은사가 끝난 것을 보여줍니다. 오늘날 우리에게는 완성된 성경이 있습니다. 그러므로 오늘날에는 이미 지나간 은사들을 붙들려고 할 것이 아니라 완성된 성경을 가지고 열심히 복음을 전해야 하는 것입니다. '표적들과 기사들' 그리고 방언의 은사를 주신 목적도 결국은 복음 전파였습니다.

과 제

1) 오늘 살펴본 성경 구절들 중에서 중요하다고 생각되는 구절들을 써보세요.
2) 사도행전 1장 8절을 암송하세요.
3) 에베소서를 읽으세요.

* 기도로 마치세요.

〈1단계〉 성경 암송구절

1-1
모든 성경은 하나님의 감동으로 된 것으로
교훈과 책망과 바르게 함과 의로 교육하기에 유익하니
(디모데후서 3:16)

1-2
창세로부터 그의 보이지 아니하는 것들
곧 그의 영원하신 능력과 신성이
그가 만드신 만물에 분명히 보여 알려졌나니
그러므로 그들이 핑계하지 못할지니라
(로마서 1:20)

1-3
그러므로 한 사람으로 말미암아 죄가 세상에 들어오고
죄로 말미암아 사망이 들어왔나니
이와 같이 모든 사람이 죄를 지었으므로
사망이 모든 사람에게 이르렀느니라
(로마서 5:12)

1-4
영접하는 자 곧 그 이름을 믿는 자들에게는
하나님의 자녀가 되는 권세를 주셨으니
(요한복음 1:12)

〈2단계〉 성경 암송구절

2-1

내가 진실로 진실로 너희에게 이르노니
내 말을 듣고 또 나 보내신 이를 믿는 자는
영생을 얻었고 심판에 이르지 아니하나니
사망에서 생명으로 옮겼느니라
(요한복음 5:24)

2-2

그러므로 너희는 가서 모든 민족을 제자로 삼아
아버지와 아들과 성령의 이름으로 침례를 베풀고
(마태복음 28:19)

2-3

서로 돌아보아 사랑과 선행을 격려하며
모이기를 폐하는 어떤 사람들의 습관과 같이 하지 말고
오직 권하여 그 날이 가까움을 볼수록 더욱 그리하자
(히브리서 10:24-25)

2-4

아침에 나로 하여금 주의 인자한 말씀을 듣게 하소서
내가 주를 의뢰함이니이다
내가 다닐 길을 알게 하소서
내가 내 영혼을 주께 드림이니이다 (시편 143:8)

〈3단계〉 성경 암송구절

3-1

그러나 너희는 택하신 족속이요 왕 같은 제사장들이요
거룩한 나라요 그의 소유가 된 백성이니
이는 너희를 어두운 데서 불러 내어
그의 기이한 빛에 들어가게 하신 이의
아름다운 덕을 선포하게 하려 하심이라
(베드로전서 2:9)

3-2

여자가 가르치는 것과 남자를 주관하는 것을
허락하지 아니하노니 오직 조용할지니라
(디모데전서 2:12)

3-3

경기하는 자가 법대로 경기하지 아니하면
승리자의 관을 얻지 못할 것이며
(디모데후서 2:5)

3-4

오직 성령이 너희에게 임하시면
너희가 권능을 받고 예루살렘과
온 유대와 사마리아와 땅 끝까지 이르러
내 증인이 되리라 하시니라
(사도행전 1:8)